有趣的职业

THAT'S A JOB?

喜欢动物的你，长大后能做什么？

[英]史蒂夫·马丁 著
[意]罗伯特·布莱法利 绘
罗英华 译

GUANGXI NORMAL UNIVERSITY PRESS
广西师范大学出版社
·桂林·

目录

CONTENTS

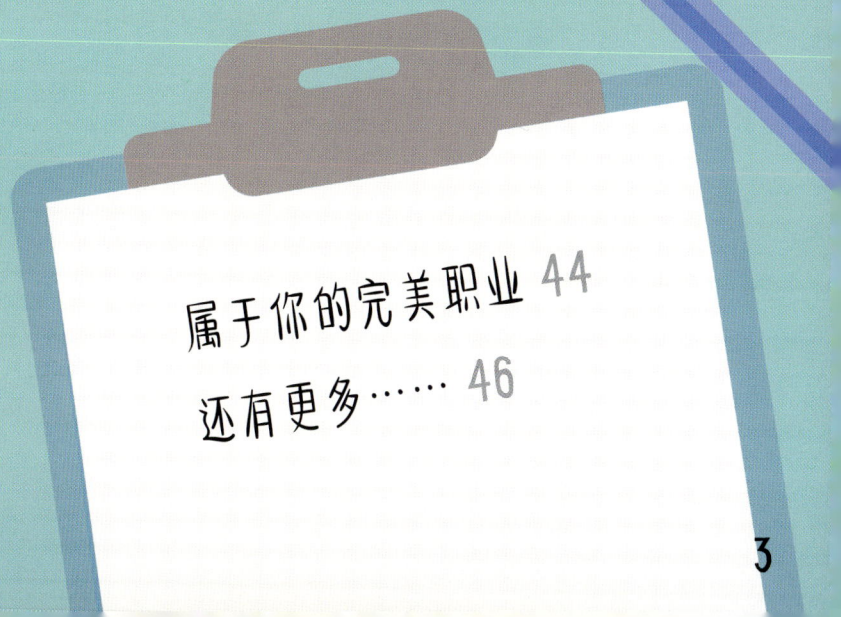

导言 与动物共事需要具备的技能和素质

有很多和动物相关的工作，其中一些你可能根本不知道它们的存在。

从科学领域到动物保护慈善机构，再到警察部门和艺术领域，想要和动物一起工作的人有很多工作机会。

每一份工作都需要具有不同技能的人：动物学家和海洋生物学家需要进行学习和研究才能获得职业资格；犬舍饲养员需要证明自己擅长和狗狗打交道，而宠物摄影师需要具备艺术技能。

但所有和动物一起工作的人需要具备一些共同的品质：善良、体贴，最重要的是，需要对动物有真诚的爱和帮助它们的热情。正因为这样，兽医会在寒冷的夜晚从床上跳起来去救治一匹生病的马，动物园饲养员会像照顾一头体型巨大的长颈鹿一样去精心照料一只小青蛙。

热爱学习也很重要。你对动物了解得越多，你越能更好地照顾它们。有时也许你还需要具备巨大的勇气——你可能需要勇敢地站出来去对抗一些人，从而更好地保护和拯救动物。除此之外，你还需要时刻准备好去做一些可能不太令人喜欢的事情。想象一下，一名大象饲养员每天需要清理多少粪便！

无论是哪种工作，必须永远把动物放在第一位。无论你想在动物园、宠物商店、动物救助中心还是马场工作，重要的是，你需要记住，动物们的健康和快乐都得靠你来维持，所以你必须给它们最好的照顾。

如果你拥有这些素质，那么你就非常适合和动物一起工作！

这本书将会为你介绍32种和动物打交道的工作，带领你进入每种工作的世界，让你看到从事这些职业的人是如何度过自己的一天的。在这个过程中，你将会学习到很多重要的事物，比如，获得这样一份工作需要具备什么条件，需要承担哪些职责和任务，等等。你也将发现很多有趣的内容，比如，兽医在一天的工作中最好的部分是什么，以及令昆虫学家又爱又恨的东西是什么，等等。

提示：这和昆虫飞进他们的鼻子里有关！

当你了解了书中所有的职业之后，翻到第44页，看看你适合什么职业。你也可以把书翻到第46页，探索更多的职业可能性！

宠物医生

每只宠物都是主人的珍宝，我的工作就是确保这些可爱的小动物健康和幸福。我为猫、狗、蛇、乌龟、兔子、鸟，还有其他很多动物治疗。治疗的方法可能有所不同，但我对小动物的爱心和同情心是一样的，因为对于一名优秀的宠物医生而言，关心“病人”是必不可少的。

我接受过专业的动物治疗训练，但总体而言，我的治疗对象的体型不会超过一般的犬类。动物园兽医（见第32～33页）和农场兽医（见第16～17页）负责治疗体型更大的动物。

3

我的下一项工作是给一只名叫萨米的小猫做一台手术。在这个过程中，我还需要护士的帮助。我们会一同检查“病人”的情况，给它打麻醉针，好让它安静地入睡，不会感受到手术中的任何疼痛。在手术期间，护士会密切关注萨米的生命体征，随时监测它的心率和呼吸情况。

2

今天的第一项工作不会花费太长时间。我只需要给一只小狗接种疫苗就完成了。注射疫苗既可以保护小狗免受疾病的侵袭，又可以保护与其密切接触的人类。

1

我每天的工作几乎都是从和前台接待员一起看预约日程表开始的。看起来，今天又是忙碌的一天！

4

手术之后，我们会继续密切关注“病人”的情况，确保它不会出现其他的问题。在它的主人到达医院之后，我们还会告诉她在接下来的几天中，应该如何照顾萨米，并向她解释，让萨米戴上伊丽莎白圈是为了防止它舔手术的伤口导致缝线断裂。

5

我一天中绝大多数的工作都是预约好的，但总会有紧急情况发生。例如今天，当一个男人带着他的鹦鹉冲进医院的时候，我必须马上行动起来，因为这只可怜的鹦鹉遭到了猫的袭击。幸运的是，这只名叫波莉的鹦鹉伤得并不重。但我还是需要为它包扎伤口，然后给它开一些药，确保它的伤口不会发生感染。

6

幸运的是，今天没有其他意外事件发生了。在接下来的时间里，我花了几个小时给各种宠物进行体检，并给它们开处方。我还会给宠物主人提供各种建议，涉及宠物的饮食和行为问题等。我必须掌握很多关于各种宠物的专业知识才能完成自己的工作。这也是为什么成为一名兽医需要花费5～6年的时间进行刻苦学习。

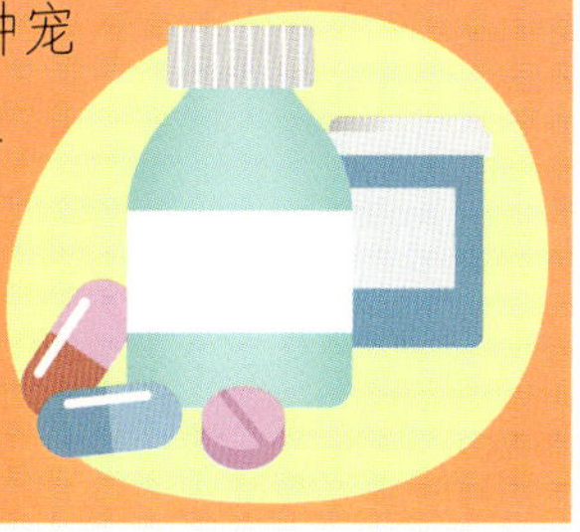

7

我的下一个“病人”是哈米什，它是一只活泼的小仓鼠。它的主人把它带进宠物医院是为了让我们把它的牙齿修整好。仓鼠的门齿永远都不会停止生长，所以定期把它们的门牙挫短一些就非常必要，这样它们的牙齿才不会伤害到自己。

8

今天最后一位到访医院的是一名男子。他认为他的小狗露露可能要生小狗了。于是我给露露做了B超检查，发现露露的肚子里果然有三只狗宝宝。未来我们还需要给露露以及它的宝宝们提供持续的监测，所以在他们离开之前，我们进行了下一次的预约。

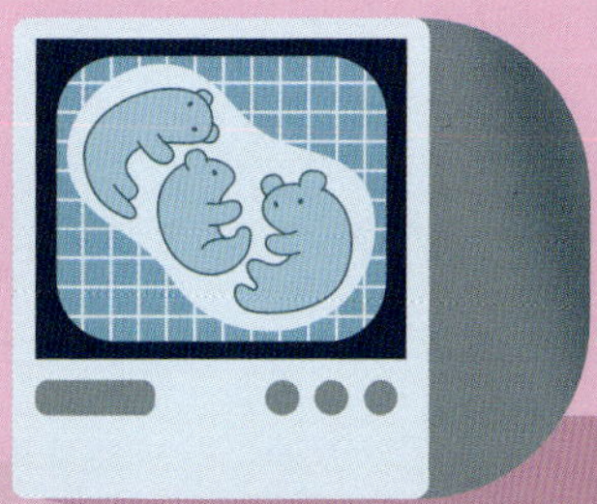

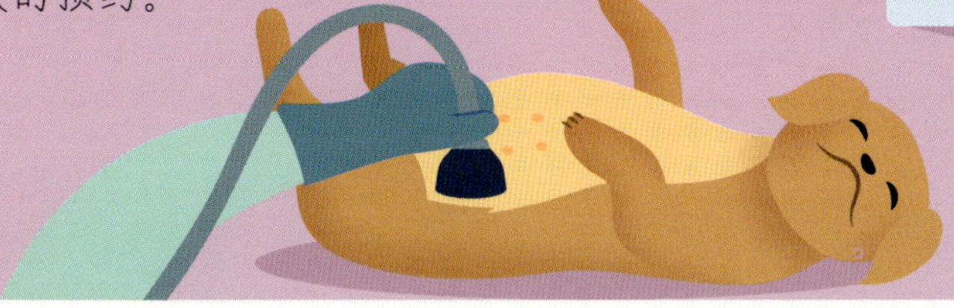

工作报告：最好和最坏的部分

- **最好的部分**：我能帮助宠物恢复并保持健康。
- **最坏的部分**：拯救每一只可怜的小动物是不可能完成的任务，目睹主人不得不和自己的宠物做最后的告别是令人无比心碎的事情。

警犬驯导员

绝大多数警察都拥有自己的搭档，我也不例外。我的搭档名叫斯派克，与众不同的是，我的这位搭档有四条腿和一条尾巴！每天我们都一同保护我们的社区。为了做好这份工作，我不仅需要努力，而且还必须经过专业的训练。我必须先成为一名合格的警察，才能够驯养警犬。

你不仅可以在警察局发现工作犬，还会在军队、安全部门和山地救援工作队中发现各种工作犬和它们的驯养员。它们能够帮助人类嗅探爆炸物、辨认道路、追踪迷路或受伤的人。

1

我一天的工作从给斯派克喂早餐开始。斯派克是一只大型的德国牧羊犬，体型健壮，胃口也不小，需要在饮食中摄入大量蛋白质。早餐后，我带它去了附近的一家公园，在去工作之前，我们还可以在这里玩一会儿接球游戏。追球对斯派克来说是一项很好的运动。

2

到了警察局之后，我们就领取巡逻车，准备开始一天的工作。这款巡逻车是专门为警犬设计的，后排有一个特别大的笼子。我们很快就接到了第一项任务，有一个小偷逃进了树林，我们需要迅速赶到现场，搜寻他的踪迹。

3

达到现场之后，我把斯派克从车里放了出来，我们一同朝树林深处走去。我知道，只要嫌疑人还在附近，就一定会被斯派克发现。当斯派克还是一只小狗的时候，我就已经成了它的训导员，我们每天都会花费几个小时的时间，努力练习追踪技能。

4

德国牧羊犬有着超强的嗅觉，这样的天赋使得它们可以通过训练来帮助人类追踪物品和人。斯派克抬起鼻子，闻了闻周围的空气，又低下脑袋，嗅了嗅地面的味道。它很快就带领我们找到了犯罪嫌疑人。紧接着，我们把他送到了公安局。

5

正当我在表扬斯派克出色的表现时，我们接到了另一项出警任务。另一个警队在一个院子里包围了一名抢劫犯，但是这名男子拒绝投降，还挥舞着一根粗大的棍子抵抗。

6

到达现场之后，我警告这个嚣张的嫌疑人，如果他还不主动放下棍子，主动投降的话，我就会放斯派克去抓捕他。斯派克接受过抓捕犯罪嫌疑人的专门训练。它会咬住他们的手臂，拖住犯罪嫌疑人，直到我下达松开的命令。抢劫犯看了斯派克一眼，做出了明智的选择，他放下了手中的武器。

7

午饭后，我们拜访了一所学校。我向学校里的小朋友们介绍了我的工作。斯派克全程都表现得十分有礼貌，它也很享受小朋友们对它的关注。

8

这忙碌的一天结束了。我换下制服，叫上斯派克，我们就一起回家了。如果你也想从事我的工作，你必须非常喜欢狗狗。因为就像斯派克和我一样，你们不仅在工作的时候会待在一起，每天下班回家之后，你们也会住在一起！

工作报告：最好和最坏的部分

- **最好的部分**：我的工作非常刺激。我从来都想不到未来有怎样的挑战在等待着我。
- **最坏的部分**：我必须保持良好的身体素质才能跟上我的工作搭档，毕竟它用来奔跑的腿比我要多两条。

犬类美容师

在努力学习如何给自己的狗剪毛之后，我成为一名犬类美容师。我学习了一门犬类美容的课程，这为我打开了新世界的大门。我太喜欢这件事了，以至于决定将它作为我未来的职业。这是一份非常有价值的工作，但也可能会变成一团乱麻！

我在一家宠物美容沙龙工作，这家沙龙有很多宠物美容师，我是其中的犬类美容师。并不是所有犬类美容师都会在沙龙里工作，有些人会在宠物店或者犬舍工作，另一些可能会到宠物主人的家中提供上门服务。

1

今天的第一个客人是我的老顾客了。它是一只可爱的凯恩梗，名字叫伍迪。每次离开沙龙的时候，伍迪看起来都十分完美。但是当它几个月之后再次到来的时候，身上的毛发就会变得又长又乱，而且还相互缠绕在一起。

2

今天，我需要给伍迪进行耳部清洁、沐浴、毛发修剪及指甲修剪。有些狗狗在这个过程中会十分紧张，所以我需要保持镇静，安抚它们，让它们放松下来。但对伍迪来说，这并不是问题——它十分享受被精心护理的过程。

3

我的下一个客人是一只名叫萝拉的可蒙多犬。可蒙多犬的外表不同寻常，看起来有点儿像一个拖把！在我的工作中，我需要了解如何给不同品种的狗狗打理毛发。所以我知道怎样才能让萝拉看起来更漂亮。它身上的这些“绳子”不能刷开，但是仍然需要保持清洁，不能留下寄生虫。

工作报告：最好和最坏的部分

- **最好的部分：**我很享受让狗狗变漂亮并保持健康的过程。
- **最坏的部分：**到处都是狗狗的毛发！你简直想象不到每天我得扫多少次地。

4

今天的最后一位顾客是弗里达，它是一只比熊犬。它有点儿紧张，所以在我给它修剪毛发的时候，另一名犬类美容师会帮它保持冷静。和给人类美容相比，给狗狗美容需要花费更多的时间，也需要付出更多的耐心。修剪完毛发之后，弗里达就可以回家了。在打扫完沙龙内的卫生之后，我也可以回家啦。

导盲犬训练员

在我的一位亲人意外失明之后，我接触了导盲犬。我喜欢帮助别人，也很喜欢狗狗，所以我开始对训练导盲犬产生了浓厚的兴趣。于是，我开始在动物收容所做志愿者，在大学里学习相关的课程，并且开始在一家慈善机构从事相关的工作。现在，我已经成为一名合格的导盲犬训练员。

在我的工作过程中，我会和不同品种的狗狗打交道。金毛寻回犬、拉布拉多犬和德国牧羊犬是最常见的训练对象。它们能掌握各项训练内容，而且它们天生就喜欢人类的陪伴。

1

早上，我沿着一条繁华的街道行走。与往日不同的是，今天我蒙住了自己的眼睛！我有皮可西陪在身边。它是一条导盲犬，我已经花了几个月的时间训练它，今天的挑战也是它的训练内容的一部分。蒙着眼睛，我依旧能听到汽车呼啸而过的轰鸣声，但是我并不害怕。因为我知道皮可西能够保护我的安全。

2

它自信地带我避开障碍物，在马路边等候绿灯，带我上下公交车。它完成得如此熟练而完美，甚至让我都感到惊讶。其实，把它训练成这样并不容易，但这意味着当我把它交给它的新主人时，它能够成为一个让人信赖的陪伴者。

3

在当天余下的时间里，我向一位顾客介绍了她未来的导盲犬——贝利。在他们真正成为一个整体、共同工作和生活之前，他们还需要共同经历为期四周的训练。我们的会面和交流非常愉悦顺畅。在尝试了几项练习之后，我完全能确定，这将是一对完美的搭档！

工作报告：最好和最坏的部分

- **最好的部分：** 我喜欢看到主人和导盲犬亲密无间的样子。导盲犬改变了盲人的生活，能在其中贡献自己的一份力量，我感到十分幸运。
- **最坏的部分：** 在训练的过程中，我已经和狗狗建立了非常深厚的情谊，所以，告别就成了一件十分困难的事情。

人类最好的伙伴

并不是所有协助犬都是导盲犬，还有自闭症服务犬、癫痫反应犬等其他能为人类生活提供极大帮助的协助犬。它们能自己开门，把钥匙和钱包等物品带给自己的主人。

马场经理

在我的工作中，我承担着很多职责，工作的每一天都十分充实。我花了几年的时间，从一个给马梳毛的工人走到今天的职位。在前任马场经理的帮助下，我竭尽所能地学习关于马匹、经营企业和管理团队的知识。终于，我获得了这份工作。

我从来不会对自己的工作感到厌倦。我同时是一名动物护理员、一名修理工、一名商人……总之，我得应付一切需要我做的事情。

1

我一天的工作从早上5点就开始了。太阳还没升起，但马儿已经饿了，所以这是必须开始工作的时候了。

2

今天，马场里来了一名新的马匹饲养员（就是照料马儿的人）。所以，我需要教她怎样给马儿喂食，怎样清理马厩，打扫马粪。等做完这些之后，她还需要去清理所有的骑行装备以及给马匹安装好马鞍。

4

回到办公室之后，我给蹄铁工（为马匹安装蹄铁的专家）打了电话，请他来马场给两匹马更换马蹄铁。

3

我今天接下来的任务是拜访马场的马语者。他正在和马场的新种马布鲁“交流”。每个马语者都会花费几年的时间专门研究马匹，试图理解马儿每次摆动尾巴或踏动蹄子传递出来的信息。最重要的是，他们知道怎样能获得马儿的信任。布鲁刚到马场的时候非常害怕和焦虑，但在马语者的帮助下，仅仅过了几周时间，它就渐渐平静了下来。

5

职责所在，永不停息。我一打完电话，就立即去接待马牙医。她的工作是为马匹检查牙齿，这次专程来为我们那匹名叫米莉的又高又黑的母马做检查。我工作中很重要的一部分就是保证马场所有马匹的健康，所以我经常会安排专家来给它们做各项检查。

6

现在已经是上午11点了。今天的第一批学生很快就会到达马场，准备开始上马术课。马术教练正在把马儿集合起来，把它们带进马场。也许有的马儿并不会被学生选中，但它们也需要锻炼。所以，过一会儿马匹饲养员和我会把没有被学生选中的马儿带出去遛弯。我一点儿都不介意这项工作——其实骑马的时候是我一天中最愉快的时光！

7

我把学生和教练留在马场，自己回到办公室，花了很长时间订购饲料、预约兽医问诊及支付各种费用。下午3点，我们把没有得到锻炼的马匹带出去兜风，马匹饲养员骑着马儿在马场中自由驰骋。我们在太阳下山之前把马带回了马厩。

8

我下午5:30离开办公室。在我离开马场之前，我会去马厩查看饲养员是否已经给马洗完了澡。今天一切完成得都很好。我回家的路程很短，实际上我就住在马场！如果有需要的话，我可以在办公室待到深夜，或者在紧急状态下随时待命。

工作报告：最好和最坏的部分

- **最好的部分：**我特别喜欢我们的骑术训练项目——看到人们学习骑马并一点一点开始了解马儿是非常奇妙的体验。
- **最坏的部分：**有时候我会在办公室里待上很久，而我宁愿出门去骑马。

野生动物保护区经理

我不需要长途跋涉到落基山野生动物保护区上班，因为我就住在这里！我会治疗受伤的野生动物，等到它们恢复健康之后，再把它们放归山林。我最初是一名志愿者，而现在，我的工作内容变成了确保保护区里的每个工作人员都能尽职尽责地救助野生动物，让那些受伤或生病的小家伙尽快痊愈。

人们在城市里待久了，也许就会忘记，其实野生动物和宠物一样，也会生病或者受伤。它们也只有在人类的帮助下，才能尽快恢复健康。在救助动物数量最多的一年中，我们帮助了2000多只动物：从美洲狮到山羊，什么都有！

1

我的每一天都会从一场会议开始，和我一起开会的人有：一名动物康复专家、一名野生动物教育官、我们的两个项目筹款人及一名兽医。团队协作非常重要，因为我们的任务十分繁重。

2

开完会之后，我和动物康复专家一起走进保护区。她专门负责治疗受伤的动物。她在路上给我讲了一只新发现的秃鹰，她认为这只秃鹰是中毒了。我请她随时和我沟通最新的治疗进展，然后让她回到救助站继续给动物做检查。

3

我在保护区里绕了一圈，看望了四只失去父母的灰熊幼崽。在这里，我们的野生动物教育官正在给一群来参观的小学生做介绍。我们必须离幼崽远远的——我们不想让它们习惯周围有人类存在的状态。因为，一旦它们能够独立在野外生存，就会被送回野外。

4

接下来，我检查了一下鸟舍，这是个饲养鸟儿的大围栏。我在确保里面所有的鸟儿，包括我们的新“病人”——一只翅膀骨折的松鸡，都已经吃饱喝足去了下一个目的地。保护区还有一些鸟儿并不居住在鸟舍中。在我们的小池塘里有两只受伤的加拿大鹅。待它们痊愈之后，就会拍拍翅膀，离开这里。

5

接下来，我朝办公室走去。在那里我们的一个筹款人正在把一只受伤驼鹿的最新消息发送给当地的一所学校。这所学校一直在给我们捐款。我们的筹款人负责号召公众为我们的保护区捐款，从而使救助中心能够持续运营。筹款人不会直接和动物打交道，但是他们的工作同样重要。

6

在此之后，我决定去拜访兽医，看看受伤的驼鹿恢复得怎么样了。这个可怜的小家伙跑上了车流不息的马路，结果被汽车撞倒，一条腿骨折了，被送到了我们的动物医院。我在兽医这里得到了好消息——她已经治好了驼鹿的腿，一旦它恢复健康，能够重新站立，我们就可以把它送回森林了。

工作报告：最好和最坏的部分

- **最好的部分**：能够让动物们回归大自然，这实在是太棒了。
- **最坏的部分**：我们常常筹集不到救助动物的资金。

7

在今天快要结束的时候，我和两名新的志愿者开了一个会。他们一个想当导游，另一个想救助动物。我们的救助中心总是需要很多帮助！

农场兽医

一直以来，我都很喜欢动物。事实上，在我小时候，我经常在周末去动物收容所做志愿者。我也很喜欢待在户外，所以，成为农场兽医对我而言似乎是一个再好不过的选择。大学毕业之后，我进入一家兽医院工作。现在，我每天都在医院和农场、牧场之间奔走，帮助农民维持牲畜的健康。

我接受过照顾大型动物的专业训练，包括奶牛、猪、绵羊和马等。有一些大型家畜兽医专攻某一种动物的救治，比如，专门治疗牛的称为“牛兽医”，专门治疗马的称为“马兽医”。而宠物医生（见第6～7页）则负责照料体型较小的动物。

1

现在是早上8:30，我正和我的牧羊犬巴斯特开着卡车行驶在乡间的小路上。我们要赶到一个农场去给一只正在分娩的羊妈妈接生。在我们的帮助下，小羊顺利降生，并且在我们进行下一项任务之前，羊妈妈也已经恢复得很好了。

2

蓝谷是一家由埃默森夫妇经营的大型奶牛场。我们花了近一个小时为这里的奶牛接种疫苗。注射疫苗可以预防疾病的传播。当很多动物近距离生活在一起时，为它们接种疫苗是必不可少的。

3

让巴斯特跑了一圈之后，我们跳上卡车，准备前往下一个预约地点。我需要一辆能装很多东西的大车子，因为我得把所有需要的设备都随身携带——我的车就像一个长了轮子的兽医院。

4

我们来到了奥克兰牧场，一匹美丽的灰马杰西正在痛苦地蹒跚着。我小心翼翼地检查了它的腿——我可不想被狠狠地踢上一脚！我在它的腿上发现了一个小小的感染伤口，于是我把伤口清理干净，然后进行了包扎，最后给杰西开了一些抗感染的药物。

5

下午我们拜访了更多的农场，我治疗了一群感染了皮肤病的猪，检查了一群奶牛中有哪些怀孕了，并且还为两只山羊进行了血液检查。

6

我今天的最后一站是兽医院。在这里，我可以给客户打电话，查阅收到的电子邮件，给今天治疗过的动物们写治疗报告等。

7

终于，在我带着巴斯特遛了一圈之后，我们迎着夕阳回家了。这充实的一天结束了。

8

凌晨4点，我的电话铃声大作。一个农夫在他的农场发现了一头病得很厉害的猪。我迅速下床，穿上衣服。10分钟之后，我冒着倾盆大雨开车前往农场。我多么希望有人能给我一杯咖啡呀！

工作报告：最好和最坏的部分

- **最好的部分**：我很享受身处室外，呼吸新鲜的（有时候也会是臭烘烘的）空气。
- **最坏的部分**：我必须为随时都有可能发生的紧急情况做好准备——即便是在深夜或者在暴风雨之中。

宠物领养咨询师

动物救助中心会照顾那些被人遗弃的、无家可归的或者生病的动物，并试图为它们找到新家。五年前，我开始在新起点动物救助中心做志愿者。大学毕业后，我找到了一份动物领养咨询师的工作，可以为那些想养宠物的人找到他们的理想搭档。

我工作的这个救助中心主要收留狗和猫，也有其他的救助中心会收留兔子、仓鼠，甚至是更大的动物，如马和驴。来到救助中心的动物可能曾遭受过不好的对待，或者有一些是因为年龄太大，之前的主人无法再提供良好的照顾，而被送到了救助中心。

2

我看着宠物医生给荡荡打了疫苗（为了保护它免受疾病侵扰），然后检查它身上是否有跳蚤或者蛔虫——确保新来的小动物身上没有寄生虫非常重要，因为寄生虫会在动物之间传播。

1

今天我到救助中心之后，见到的第一个人是宠物医生。她正在给新来的一只小狗做体检。我们给这只小狗起了个名字，叫“荡荡”。它是一只串串狗（它的父母是不同品种的狗）。昨天有人打电话说有一只被人遗弃的小狗在小镇的街道上游荡，于是，一名动物管理工作人员把它带到了我们这里，它就是荡荡。

3

在荡荡做完体检之后，我花了一些时间去了解它。我们必须非常了解来到我们救助中心的动物，了解它们的性格有助于帮它们找到最合适的主人。最后，我把它带到一个犬舍，在那里它可以安心地吃饭、喝水和休息。

4

安顿好荡荡之后，我要和一位前来领养猫咪的领养者谈话。我询问他有没有其他的宠物，他平时的生活方式是什么样的。最后，我们选择了珍珠——一只害羞的老猫，这位领养者有充足的时间给予珍珠足够多的陪伴和关注，所以，我相信这是一个不错的选择。

5

午饭之后，我和一对想要收养猫咪的夫妇进行了谈话。他们家里已经有三只西班牙猎犬了，所以我需要仔细考量，选出最适合他们家庭情况的猫咪。我可不想把一只神经脆弱的小猫送到一个有三条猎犬的家庭中去！于是我和这对夫妇进行了下一次的预约，并且开始筛选所有可能的匹配选项。

6

接下来，我会回复电子邮件和撰写收容动物的报告。我还给前不久把一条救援犬带回家的领养人打了个电话，询问他们相处得是否融洽。

7

我今天的最后一项工作，是和一只与人很亲近的虎斑猫鲁比告别。它很快就要去新家了。我给它选择了一个有两个小孩的家庭，小朋友一定会非常喜欢和鲁比一起玩耍。我给了他们一些照顾小猫的建议，然后和他们挥手告别。送走鲁比给我忙碌的一天画上了圆满的句号。

工作报告：最好和最坏的部分

- **最好的部分：**给小动物找到新家是世界上最美好的事情。
- **最坏的部分：**令人悲伤的是，不是每一只小动物都能重新找到适合自己的家庭。

遛狗员

作为一个喜欢散步的爱狗人士，遛狗员对我而言简直是完美的工作！一开始，我只是帮朋友遛狗。但这个消息很快就传开了。于是，我现在每天需要遛15条不同品种的狗！我必须了解不同品种狗的特性和它们的行为习惯，这样，在和狗狗一起外出时，我才能确保它们安全和愉悦。

遛狗员还可以为顾客提供额外的服务，比如充当宠物保姆（见下一页），或者让狗狗在自己家过夜等。

1

我的工作是在狗主人外出时，把狗狗从他的家里接出来，然后和狗狗一起散步。在我出门之前，我会检查自己是否带齐了所需要的物品：狗主人家的钥匙、备用的牵引绳、水及足够的粪便袋。我还会习惯性地查看天气预报。

2

我开车到附近去接第一条狗。通常我会同时遛三条狗。我知道哪些狗狗能和谐相处，而哪些不行。所有的狗狗都喜欢外出散步，所以每天我都会被各种兴奋摇晃的尾巴热烈欢迎。

3

接到狗狗之后，我就开车带着它们一起去镇上的一个大公园。绕着公园遛一圈大约需要45分钟。遛完这一批小狗之后，我会把它们送回家，然后开车去迎接下一批兴奋的“顾客”。

4

通常情况下，我一天要遛4～5次狗。当把当天的任务全部完成，我便立刻回家，把我的腿高高抬起，好好休息一下。

工作报告：最好和最坏的部分

- **最好的部分**：能和那么多狗狗交朋友对我来说简直是美梦成真了！
- **最坏的部分**：在下着瓢泼大雨的时候带着狗待在室外，可能就不那么美好了。

宠物保姆

最初帮别人照顾宠物是因为我想成为一名兽医，而这是获得实践经验的好办法。在征得妈妈的同意之后，我会在邻居外出度假的时候，帮他们照顾家里的宠物。把事情做好非常重要，因为只有把宠物们照顾得很周到，我才能得到人们的信任，才有可能得到下一次工作机会。

我最喜欢照顾狗和猫，但我也会给兔子、鹦鹉，甚至鱼提供照料。我会给它们喂食，检查它们是否还有清洁的饮用水，以及陪它们玩耍，和它们说话等。

1

今天我起了个大早，好在上学的路上顺便去一趟邻居家。当邻居不在家的时候，我负责给他的两只猫喂食。这两只猫一只叫波比，另一只叫帕奇斯。我拿着它们最喜欢的逗猫棒陪它们玩了一会儿，然后我就去上学了。

2

放学之后，我去了另一个邻居家，帮他们喂宠物鹦鹉。这只鹦鹉有些吵闹，非常喜欢聊天。我在它的碗里加满了食物，然后小心翼翼地把碗放回了笼子，以免吓到它。

3

我今天的最后一站是隔壁邻居家，我要去帮他们喂兔子阿奇。阿奇是一只十分害羞的兔子，我一到邻居家，它就躲了起来。但当它意识到我是来给它准备晚餐时，很快就从躲藏的地方出来了。

工作报告：最好和最坏的部分

- **最好的部分**：我能在自己上学的时候，就得到一份工作！
- **最坏的部分**：有些动物每天可能需要喂好几次，所以我必须规划好自己的时间。

4

喂完阿奇，我就回家了。不久之后，我听到了一阵敲门声，是我妈妈的朋友带着她的小狗莉兹来了。莉兹是一条小杰克罗素梗。妈妈的朋友晚上要出门，所以让我今晚照顾莉兹。还有一个原因是莉兹不愿意去犬舍。莉兹能在我家待上一晚，让我非常开心！

宠物商店店主

很小的时候，我就开始养宠物了。我一直很想和小动物们一起工作，于是开始在一家宠物店做周末兼职，后来我在那里得到了一份全职的工作，并在积累了几年经验之后开了自己的宠物店。经营一家宠物店需要很多的知识、技能和经验。比如，客户经常会向我咨询宠物的饲养建议和生活习惯等。

我的店里出售一些体型比较小的动物，比如豚鼠、鸟和鱼。店里还有宠物食品、玩具和其他设备。有些宠物店会出售自己饲养的动物，但我这里不繁育动物，我会从其他的宠物店或者专业繁育者那里购入动物再出售。

1

早上8点，我就来到店里。我的店上午9点才开门，但我喜欢提前一个小时到店里，这样便有充足的时间检查动物。如果发现有生病的小动物，我会尽快把它和其他小动物隔离开，或者打电话叫兽医来帮忙。

2

在检查完所有动物之后，我会给它们准备早餐。不同的动物有不同的饮食习惯，记住哪些动物需要在什么时候吃什么食物是非常重要的。我还需要确保它们有足够的饮用水。

3

到了9点，我打开店门，迎来了今天的第一位顾客。这是一名前来咨询的女士，她的猫年纪已经很大了，她想知道给老猫吃什么能让它保持健康的状态。我给她推荐了一种特别针对年长猫咪的猫粮，这种猫粮富含多种维生素，能够满足这位女士的要求。不管面对什么问题，我的顾客都希望我能提供专业的建议。

4

接下来，一个小男孩和他的妈妈走进店里，想要买一只豚鼠。我建议他买两只，因为豚鼠不喜欢独居。我再三建议他们买个大一些的笼子。对我来说，让每一只从我的店里出去的动物都过上幸福的生活，是非常重要的事情。

5

当店里没有顾客的时候，还有很多事情让我忙碌。如把动物笼子全都清理干净就是很重要的事。我还会检查鱼缸里的水温是否合适，以确保鱼的健康。

工作报告：最好和最坏的部分

- **最好的部分：**每当有人带着自己心爱的宠物离开我的商店，脸上露出幸福的笑容时，我都特别满足。
- **最坏的部分：**虽然小动物们都去了幸福的新家，但每次要说再见，还是会让人感到难过。

6

午后，送货车到了。我店里不卖小猫小狗，但是出售很多猫狗的玩具。这些玩具特别畅销，经常会被卖光，所以需要向玩具厂商订购更多。

7

不久之后，我的做动物繁育的朋友带着五只小兔子来到了店里。我只从自己认识的繁育员那里购入动物，因为我需要确保店里出售的动物都是健康的，而且都得到了很好的照顾。我把兔子放进了它们的新笼舍里——如果它们想要躲避顾客，笼子里也有足够的空间。

8

下午5点是打烊时间，我准备回家了。回家前，我还需要给动物们做好今天的最后一次检查。新来的小兔子们都已经安顿了下来，鸟儿们也在欢乐地歌唱。我对它们说了“晚安”，然后锁上店门回家了。

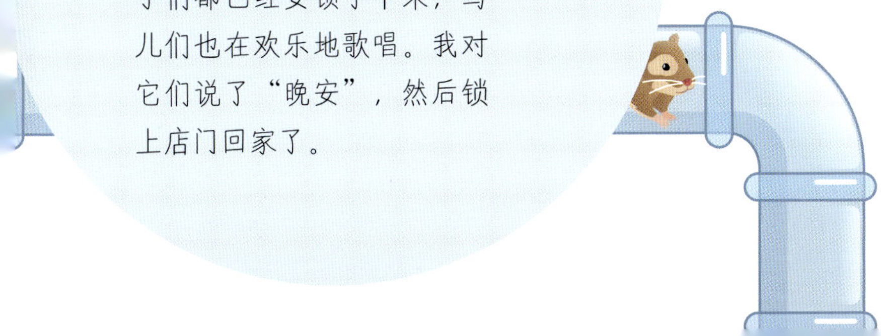

宠物肖像艺术家

我热爱动物和艺术。所以宠物肖像艺术家对我而言，就成了理想的职业。虽然我不用经过什么考试就能从事这份工作，但这并不意味着成为一名优秀的宠物肖像艺术家是一件容易的事。我花了很长时间练习自己的绘画技巧，积累良好的声誉。现在，我每天都很充实，我的事业也在稳步发展。

1

今天，我需要画一只孟加拉猫。猫咪的主人给我寄来了几张猫的照片，我把这些照片钉在我的画板前。我基本都是以照片为参照来作画的，因为一幅画可能需要好几天的时间才能完成，而宠物却不可能按照人希望的那样一直静止不动。但我经常会在画中虚构宠物所处的环境或者背景。

我必须具备使用各种绘画材料进行肖像创作的技能，包括油画、铅笔画、粉笔画和水彩画等——任何客户需要的，我都得满足。

4

在今天快要结束的时候，我为一副已经完成的画打包。这幅画的要求非常特殊——宠物的主人让我画一只波普风格的狮子狗！

2

我的工作进行得谨慎而缓慢，我想确保每一幅画都能发挥出我最好的水平。毕竟，这幅画可能在未来几年中，都会被悬挂在顾客家里的墙上！精准地捕捉动物的特征也很重要——画作中的动物必须是主人熟悉的那只宠物。

3

几个小时之后，我停下来休息了一会儿，然后开始查看我的网站。我绝大多数客户都是老客户推荐而来，或者是看到我的网站后来的，所以每天都更新网站内容并回复留言是非常重要的。

工作报告：最好和最坏的部分

- **最好的部分：** 我喜欢给宠物主人一些值得永久珍藏的物品。
- **最坏的部分：** 我大部分的时间都一个人待在工作室里作画，所以有时候我也会觉得孤独。

宠物摄影师

我热爱自己的工作。宠物摄影师的工作足够有趣，富有创意，而且充满多样性。你必须懂得摄影才能胜任这份工作，所以我在开始工作之前上了一门摄影课。同时，你还需要极大的耐心——我每天都会花费大量的时间，安抚小动物们，让它们安静地待着！

我喜欢和宠物一起工作。但一般来说，动物摄影师都会去拍摄野生动物的照片，然后把照片卖给杂志社或者其他的客户。但这需要很大的勇气——毕竟有些野生动物特别可怕。

1

今天，我的第一组模特是三姐妹——三只漂亮的小猫。拍摄三只活泼的小动物可不是一件容易的事情。所以，我预约了一名助手，在拍摄的时候帮我引导小猫们做出合适的动作。

2

我的下一个拍摄对象是一匹名叫洁特的马，因为它个头太大了，所以不能在我的工作室里拍摄。于是我收拾好设备，前往客户家。我们带着洁特进入院子，我给它拍了很多照片，直到拍出一张完美展现了它油光水滑的华丽皮毛的照片，我们才结束了这次拍摄。

3

我的整个下午都在一个狗狗展览会上度过。我负责给所有获胜的狗拍照。展览会一结束，我就立刻回到我的工作室，开始整理和修调今天拍摄的照片，然后再把照片发给顾客。

4

最后，我对明天要拍摄的对象进行了一些研究。明天我要去拍一只虎皮鹦鹉和一只松狮蜥。我在拍摄过程中要保证自己和动物的安全，这非常重要。所以我经常花时间和宠物主人沟通、参观动物收容所，用各种方式了解动物的行为。

工作报告：最好和最坏的部分

- **最好的部分：**我喜欢用相机去捕捉动物们最好的状态。
- **最坏的部分：**清理动物的尿液和被淘气的宠物抓伤、咬伤可不是一件好玩的事情。

动物演员经纪人

你有没有想过电视节目、广告和电影中的动物都是从哪儿来的？总得有人把这些动物找出来吧——我就是从事这项工作的！我最初是一名驯兽师，和各种机构合作，建立联系。但现在我开始负责寻找动物演员和驯兽师，并做好预约。

我负责为客户物色各种各样的动物，无论是蝴蝶、猫头鹰还是鸭子。我工作中最重要的部分就是确保所有的动物演员在片场都是安全的，并且都能得到很好的照顾。

1

我今天的第一项工作是为杂志社寻找一只可以拍摄宠物食品广告的猫咪。摄影师打电话给我，告诉我他理想中的猫咪模特是什么样的。我认真听取了他的需求。我有一份可以充当模特的猫咪名单，我从中为这次的拍摄任务挑选了一只漂亮的灰色猫咪，然后联系了猫咪的主人，安排他们和摄影师见面。

2

接下来，我要去拜访一位驯兽师。广告公司需要一只能用鼻子顶起物品并保持平衡的海狮来拍摄一则广告。而驯兽师可以和海狮合作，确保拍摄时一切顺利进行。

3

今天的最后一项任务是去和一位影视演员见面。她主持了一档关于动物的节目，最近正在筹划一期养鸡主题的节目，需要我帮忙联系12只可以出镜的鸡。这对我来说完全没有问题。我甚至可以在当地的农场为她安排一个专门的拍摄地点。

工作报告：最好和最坏的部分

- **最好的部分：** 我可以和很多动物及很多有趣又充满创新精神的人在一起工作。
- **最坏的部分：** 和动物一起工作可能会发生很多出乎意料的事——事情不可能全都按计划进行！

4

今天所有的工作都结束之后，我就可以回家去陪我自己的宝贝宠物啦！

野生动物纪录片制片人

在大学里完成动物学课程之后，我决定利用自己所掌握的知识制作纪录片。我通过场记（通用助理）的工作学会了很多影像制作的基础知识。又经过很多年的积累，我拥有了更多的经验和技能，于是开始自己制作纪录片。从澳大利亚的袋鼠到南美洲的骆驼，我几乎什么都拍摄过。

有很多人参与到野生动物纪录片的制作之中。而我是制片人，我的工作就是从头到尾负责项目的统筹。团队当中通常会有一名导演、一些研究人员、一些主持人、几个视频编辑及很多其他的成员。

1

今天，我和一个摄制小组在加拿大北部露营。我们正在拍摄一部有关雪鸮的纪录片。我们想拍摄雪鸮宝宝的一些镜头，所以我们在研究人员的帮助下，选定了最好的地点和一年中合适的时间。虽然现在是夏天，但这里的天气仍然很冷！

2

我们希望拍到刚刚孵化出来的雪鸮。为此，我们用草做了一个便于藏身的地方，好将我们和拍摄设备隐藏起来，确保拍摄活动不会惊扰到这些美丽的小家伙。雪鸮习惯在地上筑巢，这使得孵化出来的雏鸟很容易被饥饿的捕食者抓住，所以雪鸮父母一直都会保持警惕的状态。

3

因为不想错过任何一个好镜头，所以我们一整天都待在天寒地冻的环境中进行拍摄。我们隐蔽拍摄的草垛十分狭窄，待在里面可真不是一件舒服的事。突然，雪鸮妈妈展开翅膀，离开了巢穴，我们惊奇地瞥见了巢穴里三只可爱的雪鸮宝宝。漫长而艰难的等待绝对是值得的！

4

天色渐渐暗了下来，我们回到了帐篷中，分镜导演正在构思明天需要拍摄的内容。明天我们会回到鸟巢，拍摄更多内容。而现在，是暖暖地睡上一觉的时候了。

工作报告：最好和最坏的部分

- **最好的部分**：我们拍摄的影像能够帮助观众了解地球上各种奇妙的野生动物，这一点让我兴奋不已。
- **最坏的部分**：我有时不得不夜以继日地工作，这可能是一份令人筋疲力尽的工作！

野生动物保育员

爱护环境对我而言一直都有重要的意义。我在大学里学习的就是有关野生动物保护的专业。在这期间，我学到了保护动物及它们栖息地（动物们的家园）的方法。我现在在中国的一个大熊猫自然保护区工作，负责照看熊猫宝宝，教它们在野外生活时会用到的各种技能。

在野生动物保护工作中，提高人们的保护意识是很重要的一部分。环保主义者和环保教育者会面向公众宣讲野生动物现在面临的各种问题，并倡议大家为保护野生动物尽一份力。

1

新一天的工作从熊猫繁育中心开始，新生的熊猫宝宝都集中在这里，保育员会精心照料它们。我给所有的熊猫宝宝进行了检查，确认它们都保持着健康状态。然后给它们喂奶，让它们都吃得饱饱的。因为野外栖息地遭到破坏，现存的野生大熊猫数量很少。我们的目标就是繁育出更多的大熊猫，然后将它们放归野外。

2

今天的下一项工作是打扫熊猫幼儿园（熊猫宝宝居住的地方被称为熊猫幼儿园）。要让熊猫宝宝们居住在清洁的环境中，这样能有效避免它们生病。

3

接下来，我到竹林里砍了很多竹子，作为今天上午的饲料。你可以给熊猫各种各样的食物，但它们通常会选择其中的一种——竹子。它们的食量会让你惊讶！

4

由于竹子是熊猫主要的食物，所以我每天还要花一些时间去种植竹子。繁育中心附近有一大片竹林。一只成年大熊猫可以在16个小时里吃掉近20千克竹子。

5

午饭后，我帮饲养员把一只熊猫宝宝运送到一个更大的院子里。在那里，它会学习爬树、觅食以及其他的生存技能，逐渐适应野外的生活。为了不让大熊猫太适应周围有人类的环境，我们还特意打扮成了熊猫的样子。

工作报告：最好和最坏的部分
最好的部分：拯救濒危动物，就是拯救地球和人类。
最坏的部分：我每天都会为那些即将在地球上消失的美好生灵感到十分担忧。

6

接下来是这一天中最棒的环节。今天是保护区的重要节日，因为我们要把两只大熊猫放归山林。所有人目送着奇奇和玲玲消失在竹林深处，祝福它们在真正属于自己的地方，开始漫长而幸福的生活。

7

在写完一份关于保护中心工作的报告之后，我结束了一天的工作。在我们的努力救助下，大熊猫的种群情况正在逐步改善。对我们而言，野生大熊猫数量逐渐增多了，真是一个好消息！

海洋生物学家

绝大多数科学家都不需要戴上水肺（自携式水下呼吸装置）潜入海底，但我是海洋生物学家，所以我需要花大量的时间在海底世界研究海浪之下的生命。这意味着，除了具备从事科学研究必需的素质之外，我还需要保持身体健康，并且充满勇气。

到目前为止，从鲸和海龟到藻类和珊瑚，人类已知的生活在海洋当中的生物超过20万种。但还有更多的物种等待着我们的探索和发现。而海洋生物学家的工作通常是专门研究某一个特定的物种。

1

今天的开端不同寻常——我后仰着从一艘船上跃入水中！对于穿戴着潜水设备的我而言，这是下海的最好方式。

2

我要下潜的海域在美国东海岸的一个海湾之中，我研究这里的宽吻海豚。这些聪明的哺乳动物会成群结队地生活在一起。我正在努力弄明白它们之间是如何交流的。我已经发现它们会使用“口哨”声和咔嗒声来进行“对话”，但我还不知道这些声音都有什么含义。

3

我和我的研究搭档一起潜入水中，我负责用水下相机拍摄海豚，而她负责记录海豚发出的声音。我们常常一起搭档潜水，共同研究，已经组成了一个了不起的团队。

4

我们今天一共下潜了3次，每次持续30分钟。我们必须调动起在潜水训练中获得的那些知识和经验，确保待在水下的时间在合理范围之内，这样才不会耗尽氧气罐中的氧气，才能保证自己的安全。

5

我们在水下小心翼翼地活动，尽量减少对海豚的打扰——我们的工作仅是观察和学习。如果需要近距离地研究动物，我们就会和水族馆联系，跟他们合作。

6

一回到陆地上，进入实验室后，我们就立刻观看拍摄的录像。我们试图探究当海豚发出某种声音时，其他海豚会做何回应。我们想从中发现某些固定的模式。没准儿有一天我们就能掌握足够多的知识，甚至能和这些可爱的动物展开交流呢！

工作报告：最好和最坏的部分

- **最好的部分**：这份工作带给我奇妙的经历，我能和海豚一起在珊瑚之间自由徜徉。
- **最坏的部分**：我必须时常待在寒冷艰苦的海洋之中，这样的工作环境和条件实在称不上舒适。而且，当我出差时，也会十分思念家人。

动物园兽医

当我还是个小女孩的时候，动物园就是我最喜欢去的地方。我甚至因为想要更加接近动物，而在动物园咖啡厅找到了第一份兼职。大学毕业之后，我到一个动物园做实习兽医。后来我在“动物王国”动物园找到了一份全职工作，负责照看动物园里500多个物种的20000多只动物！

维护动物园各种动物的健康是一项团队工程。动物园的兽医护士会在手术期间帮助兽医递送药品并清理伤口。我们还会和动物饲养员（见第36～39页）密切合作，一旦他们发现动物有生病的迹象，就立刻通知我们，让我们前去诊断和治疗。

1

我每天的工作通常会从一场计划当天工作的会议开始。参加会议的是三名兽医和两名兽医护士，我们组成了一个团队，通力合作，为动物提供健康服务。

2

会议结束之后，我迎来了今天的第一项任务——给三只新生的狮子宝宝做体检。这三个小宝宝的名字分别是萨哈尔、萨米尔和萨昂。这项任务非常有趣。我挨个儿给它们称体重，接种疫苗，并抽血化验。它们的状态看起来棒极了！

3

接下来，我去了象舍。有一个大象饲养员非常担心麦洛，它是动物园中年纪最大的一头大象。它停止进食了。我给它做了检查，发现它只是肚子疼。所以我给它开了一些止疼药。因为药片的味道并不可口，所以我们把药片藏在美味的香蕉面包里拿给它吃。

4

然后，我又去给小黑猩猩比利做了检查。它刚从另一家动物园来到这里。在确保它身上没有携带任何病菌和寄生虫之前，它会被单独隔离起来。幸运的是，它并没有什么健康问题。

5

下午，我听到了一个激动人心的好消息：动物园里的金蛙卵已经开始孵化了！金蛙在野外已经灭绝了（也就是说，大自然里再也没有这种生物存在了），所以，我们开启了金蛙繁育计划。我给了饲养员一些建议，包括应该怎样给新生的小蝌蚪喂食及如何保持它们的健康等。

工作报告：最好的和最坏的部分

- **最好的部分**：我的工作内容丰富多彩，每天都不一样。
- **最坏的部分**：动物园兽医必须经过为期几年的学习和训练，因为这个职业所要治疗的动物范围非常广。

6

接着，在治疗了一只瘸腿的长颈鹿和一只可怜的企鹅之后，我结束了一天的工作。当我回到家中，我的孩子们问我工作的时候都做些什么。我告诉他们，我负责照顾蝌蚪、大象及体型介于它们之间的众多动物。

骑警

你也许会有这样的疑问：为什么我们已经有方便快捷的汽车和飞机了，但还是有警察会骑马呢？其实，在某些情况下，马对警察而言是非常有用的。最初，我完成训练，成为一名警察。过了几年，我被调到了骑警部队。我的马名叫苹果，它在加入骑警部队之前接受了为期一年的训练。我们成了一个绝佳的组合！

军队中也有骑兵部队。虽然马已经退出了军事战争的历史舞台，但它们仍然会被人类用来进行游行、展示及完成一些仪式。

1

我一天的工作从早晨7点开始。我们部队雇用了马夫给马喂食，并为警察们准备马具（包括马鞍、缰绳和马镫）。但我还是喜欢自己安装马鞍，因为这是一个可以让我和苹果变得更加亲密的过程。

2

我们今天的第一项工作是在市中心维持秩序。我把遮阳板和护鼻板给苹果系上，这是必要的防护措施，我必须保护好苹果。

3

我和苹果慢慢走在市中心的街道上。人群非常吵闹，但苹果并不紧张。它接受过在各种复杂情况下保持冷静的专业训练。

4

我从对讲机中收到一条信息：在我附近有一些人发生了争执，要我加以制止。苹果几乎有2米高，骑在它的身上，我可以毫不费力地看到人群中的每个人。我很快就发现了制造麻烦的人，然后驱使苹果快步走到他们身边。把他们隔开之后，我和苹果就继续向前巡逻了。

5

之后，我和苹果赶往下一项任务地点——足球场。我们需要在这里维持秩序。我们之前经历过一次球迷使用暴力的球赛。但疯狂的球迷看到威风的骑警骑着高大的马匹向他们走来时，很快平静了下来！幸运的是，今天的球迷都非常和善，而且他们还特别喜欢苹果。

6

充实的一天结束后，我们回到了马厩。大多数骑警都会直接换下制服，然后回家。但我还有其他的工作要做。我把马具从苹果身上卸下来，给它好好刷了一次毛，然后才把它交给马夫。虽然我的工作很辛苦，但任何别的工作都不能取代这份工作。

7

在这一切结束之后，我就安心地下班回家了。但今天很特殊——我要去参加一个颁奖典礼。我因为拯救了一个遭遇车祸的家庭而受到了表彰。如果没有苹果，我是不可能做到的。我迫不及待地想在第二天一早给它展示奖牌——虽然它更感兴趣的可能是它的早餐！

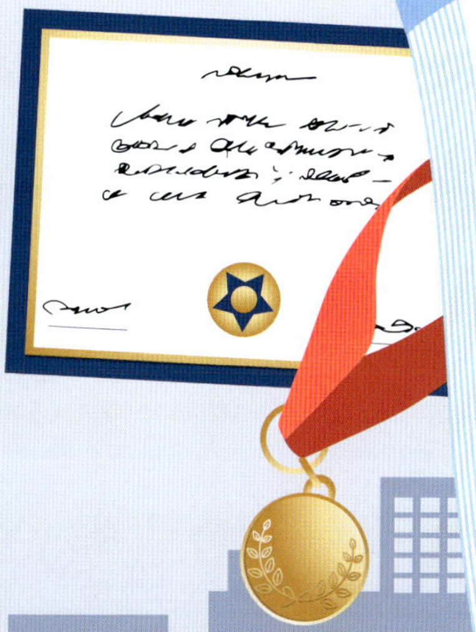

工作报告：最好和最坏的部分

- **最好的部分**：我喜欢马匹，这份工作能让我整天和马待在一起。
- **最坏的部分**：我有时候会担心马的安危，尤其是处在危险境地的时候，比如在面对愤怒的人群时。

灵长类动物饲养员

我在动物园里照顾灵长类动物，比如大猩猩、黑猩猩、红毛猩猩、狐猴、卷尾猴、长臂猿、狒狒、猕猴和狨猴。照顾50多只各种灵长类动物，让我每天的生活都非常忙碌。幸运的是，我有一个三个人的团队。在申请这份工作之前，我获得了动物护理资格证。

我一直想找一份和灵长类动物相关的工作。动物饲养员分为很多种，包括鸟类饲养员、大象饲养员、大型猫科动物饲养员、爬行类动物饲养员（见第38～39页）、海洋动物饲养员（负责照顾企鹅、海豹和其他海洋动物）及有蹄动物饲养员（负责照顾长颈鹿、斑马等长蹄子的动物）等。

1

我每天早上的第一项任务都是给动物们喂早餐。不同的灵长类动物有不同的需求，我要确保每只动物都能吃到合适的食物。在给动物们喂食的过程中，我会查看它们是否有生病或受伤的迹象。我比任何人都了解这些我亲自饲养的动物。今天，我发现一只名叫萨利的长臂猿非常安静，而且看起来十分悲伤。一般情况下，它都非常活泼，精力十足。于是我把这个反常的情况记录了下来，并报告给了动物园的兽医（见第32～33页），他们稍后会给萨利做检查。

2

接下来，我通常会配合兽医一起工作。我们一起给需要药物治疗的动物喂药。一只红毛猩猩特别讨厌吃药，所以我把药片藏进香蕉，它就高兴地把香蕉和药一起狼吞虎咽地吃了下去。

3

我非常热爱我的工作，但清理笼舍除外！可是，笼舍的清洁对保持灵长类动物的健康有重要的作用，因此这项工作不能忽视。

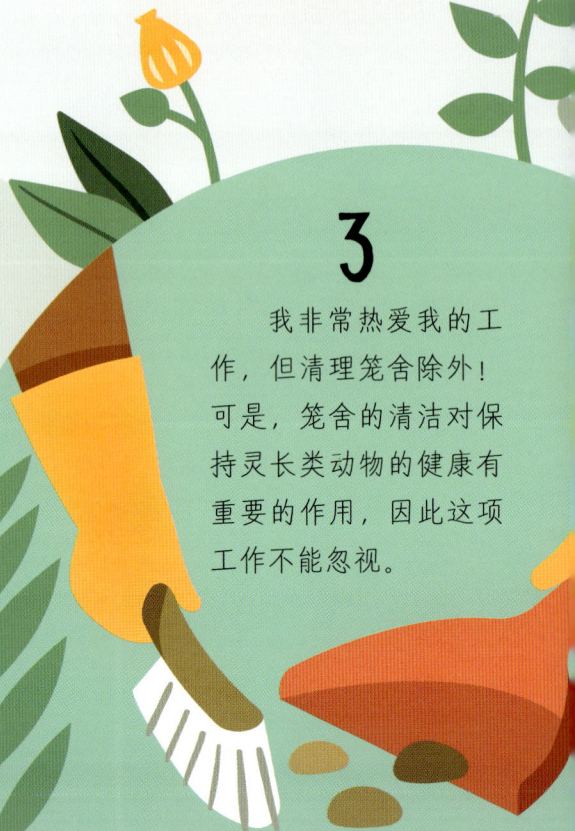

4

午饭后，有学生来动物园参观，我给他们做讲解员。我喜欢为他人讲解有关灵长类动物的知识。每天都会有新奇的事情发生。昨天，有一只黑猩猩来到了我们的动物园。我需要帮它安顿下来。

5

灵长类动物非常聪明，它们每天都需要大量的活动，这使得我的工作和其他动物饲养员的工作有很大的不同。我们动物园的栖息地设计师会经常过来考察动物围场，以便为动物们设计出和自然环境更加接近的栖息地。灵长类动物的栖息地需要有足够多的攀缘物和可以让它们停留休息的高处。这些都是它们的野外栖息地特别重要的构成元素。

6

午后时分，大型灵长类动物需要再喂食一次。这些动物食量可不小。动物园有一只名叫博蒂的银背大猩猩，它的重量相当于三个成年人的体重，它每天都会吃掉近20千克的食物，包括各种水果、蔬菜及其他植物。

7

每天工作的最后一个小时是用来为第二天做准备的，包括为动物们准备第二天的食物等。毕竟有这么多的动物，我需要提前准备很多东西。

工作报告：最好和最坏的部分

- **最好的部分**：我每天绝大部分时间都和动物们待在一起，我们之间建立了深厚的友谊，我也对它们不同的个性有充分的了解。我喜欢我饲养的每一只灵长类动物，尤其是那些调皮捣蛋的！
- **最坏的部分**：我身上每天都散发着一股猴子的味道！

8

最后，我会把所有动物再检查一遍。大多数时候我每天5点就可以下班了，但前提是所有的动物都开开心心地吃饱了，心满意足地回到了它们休息的地方。如果我的这些朋友们还没有做好回去休息的准备，我就会一直陪着它们，绝不会提前离开。

爬行类动物饲养员

我是动物园五名饲养员中的一个，我负责照顾动物园里50多种不同的爬行动物，包括蛇、乌龟、蜥蜴和鳄鱼。要想成为一名爬行类动物饲养员，大多数人都需要在大学期间学习生物学或动物学，还需要有在爬行动物中心做志愿者的经历。学习如何正确地与这些动物打交道非常重要——它们确实很迷人，但有时也很危险。

我一直对爬行类动物十分感兴趣。不过，你并不能总是和它们靠得太近，所以很多动物饲养员更愿意和那些更可爱的动物一起工作，比如灵长类动物（见第36～37页）或者温顺庞大的动物，像长颈鹿和斑马这类的。

1

今天早上我有些紧张，因为今天我得去打扫鳄鱼池。乔乔和贾兹躺在池塘里，看着我在它们周围打扫卫生。鳄鱼的移动速度极快，所以我一刻也不能放松警惕，我必须随时注意它们是否正在向我靠近。安全第一，这是所有爬行类动物饲养员的职业信条。

2

我的下一项工作是去给一只名叫雷波的科莫多巨蜥喂食。它的身体有3米多长，是世界上最大的蜥蜴之一。它居住的地方很热，我用加热器将周围环境的温度维持在和印度尼西亚差不多的水平。那里是雷波的故乡。

工作报告：最好和最坏的部分

- **最好的部分**：我和世界上最迷人的动物一起工作。它们之中有很多从恐龙时代起就一直生活在地球上，比如鳄鱼等。
- **最坏的部分**：在温度较高的爬行动物栖息地工作常常会让人汗流浃背！

3

中午，我举办了一场主题为“遇见蛇类”的讲座。我非常喜欢向孩子们讲解爬行类动物的相关知识。别担心，蛇只有在感觉自身受到威胁的情况下才会有攻击行为，并且游客是无法直接接触有毒蛇类的。我们这里有很多不同品种的蛇，包括眼镜蛇、响尾蛇和巨蟒。

4

我的下一项工作是为动物园中最年长的动物创造一个舒适的环境。这只名叫盖伊的巨型乌龟今年已经110岁了，这真是令人难以置信！我在它的围栏中央挖了一个大大的泥坑，因这位“老人家”喜欢在凉爽泥泞的池子里泡澡。

5

包括巨型乌龟在内的很多爬行动物都濒临灭绝。所以继续饲养这些动物是我们动物园一项非常重要的工作。巨型乌龟的体型非常庞大——一只巨型乌龟的体重大约是我体重的3倍——但我和它待在一起十分安全，因为这种温顺的动物是素食主义者。啊，不过，好臭！

挤蛇毒工

是的，这是一份真实存在的职业！挤蛇毒工从蛇身上获取蛇毒，用来制作治疗蛇咬伤的药物。挤蛇毒工会让蛇咬住特定的容器，然后将蛇分泌出的毒液收集到容器里。

6

在回家之前，我还有一项工作要完成——检查西部锦龟的卵。这些卵被放在孵化器（一种为卵保持温度的机器）当中，很快就能孵出小龟。看到第一只小龟破壳而出时，我兴奋极了。这真是太神奇了！

动物学家

我一直都梦想着从事和动物相关的工作，所以我在大学里学了动物学。大学毕业后，我开始在相关领域工作，并逐渐爱上了这份工作。在现实生活中看到充满活力的野生动物是激动人心的，即便需要冒着生命危险去研究它们，我也甘之如饴。

动物学家通常会研究一种特定的动物，研究它们的生理、生态、习性、栖息地等。我选择了大型猫科动物作为我的研究对象。因为“大猫”都是哺乳类动物，所以我成了一名哺乳动物学家。研究鸟类的人被称为鸟类学家。

1

今天早上，我冒着酷热爬过灌木丛。我为什么要这么做？因为我在躲避老虎！

2

我正在探索印度的老虎保护区。保护区工作人员让我到这里来做研究，看看保护区建设以来，这里的老虎数量到底有没有增多。我拿着一张这个地区的地图，把我看到老虎的地方都在地图上标注了出来。

3

保护区派了一名巡逻员来协助我工作，他对这个地区了如指掌。通过追踪老虎的爪印，他把我带到一个据说居住着一头雌虎的地方。

工作报告：最好和最坏的部分

- 最好的部分：我在实验室和野外工作，这两个地方都是世界上最好的工作地点。
- 最坏的部分：为了工作我会在世界各地出差，虽然我也很喜欢到处旅行，但有时也会很想家。

4

突然，我发现前方有橙色和黑色交错的条纹，我意识到自己正和一头巨大的孟加拉虎对视。我知道自己不能跑——如果我逃跑，它一定马上追上我。过了一分钟，它或许感到了厌倦，迈着悠闲的步子离开了。

5

我们又陆续发现了几头老虎。在这之后，我赶回酒店，把我的笔记打印了出来。我还会撰写一份报告来仔细地描述自己的发现，目前的种种迹象都表明，这个地区的老虎数量确实有所增加。我必须说，这个结果对我的工作和整个世界而言，都是一个振奋人心的好消息！

昆虫学家

当我告诉人们我是一名昆虫学家时，他们通常会问："那是什么？"答案很简单——我是一名研究昆虫的科学家。我研究昆虫的行为、栖息地等。你需要在大学获得学位才能从事我的工作，同时还需要对那些让一般人毛骨悚然的虫子感兴趣！

有些人可能会觉得研究鲸或者长颈鹿更加有趣，但我相信他们也会被昆虫震撼。在世界上所有物种中，有超过一半的物种是昆虫（目前为止，我们已经确认了100多万种），还有更多的昆虫物种等待着我们去探索和发现。

1

今天我在实验室里工作。我的第一项任务是回复一位农民发来的电子邮件。我专攻农业昆虫学，这意味着我可以帮助农民保护庄稼免受虫害。我在邮件中给了这位农民一些建议，然后开始阅读笔记。

2

上午11点左右，有几位客人到访。本地的学校安排了一批学生来了解我的工作。有一个学生问，为什么农民不能直接用杀虫剂来对付害虫？我解释说，因为杀虫剂也会杀死益虫，比如蜜蜂。而如果没有这些益虫，许多庄稼将难以生长。

养蜂人

和蜜蜂一起工作是另一种和昆虫相关的工作。养蜂人负责照看蜂箱并收集蜜蜂产出的蜂蜜。从事这项工作必须穿上特制的防护服，以免被蜜蜂蜇伤。

3

今天剩余的时间，我用来做研究、安排下周的实地考察并会见了一位昆虫疾病学家。他研究疾病是如何在昆虫之间传播的。我们分享了很多信息。在工作中不断学习是很重要的，所以像今天这样的会面让我十分愉快。

工作报告：最好和最坏的部分

- **最好的部分：**当我们发现一种全新的昆虫物种时，这种成就感是无可比拟的。
- **最坏的部分：**被昆虫蜇伤、咬伤，或者昆虫飞进鼻孔中，可一点儿都不好玩！

城市动物管理员

我的工作是保护城市中的动物。我救助流浪狗，调查动物被虐事件，并为宠物主人提供喂养宠物的合理建议。想要从事这份工作，你需要有和动物相处的经验。除此之外，你还需要具备强健的体魄，因为在执行动物救援任务的时候，你可能需要在悬崖上攀爬，甚至划船出海！

我喜欢这份丰富多彩的工作。前一天我可能还在宠物店检查动物，第二天我可能就要去把一只被钓鱼线困住的可怜的天鹅解救出来。

1

我今天的第一项工作，是在法院展开的。我必须要为一匹受到虐待的赛马做证。这件事给了我不小的压力，但我有责任说出真相。因为这样才能让城市中的马匹得到保护，而驯马师也必须为自己的虐待行为负责。

2

做证结束后，我回到了办公室。我刚一打开办公室的门，桌上的电话就响了。打电话的人觉得他的兔子受到了邻居的伤害，因为兔子的脸肿了起来。挂了电话，我立刻开车到现场去进行调查。

3

并不是所有的宠物主人都乐意见到我。但今天很幸运，兔子的主人非常友好！我检查了他的兔子，发现兔子脸部的肿胀实际上是由感染引起的，它并没有受到虐待。我建议主人尽快带兔子到宠物医院进行治疗。

4

我今天的最后一项任务可就没那么简单了。一只小猫掉进了河里，被困在了河中央的一个小岛上。我把小船装上卡车，就立刻出发了。我到河边后迅速划船去营救那只小猫。我知道，猫受惊之后很有可能跳进水里，但我也已经准备好跳进水中去解救它了。

5

我今天的工作在准备一场宣讲和撰写报告中结束了。明天我要去给当地的一所学校做宣讲。在做准备的时候，我发现，自己在这份工作中所做的事情真是太令人惊叹了！

工作报告：最好和最坏的部分

- **最好的部分：**我每天都在拯救各种各样的动物。
- **最坏的部分：**有时候我不得不处理很棘手的问题，比如对付愤怒的人和痛苦不堪的动物。

犬舍饲养员

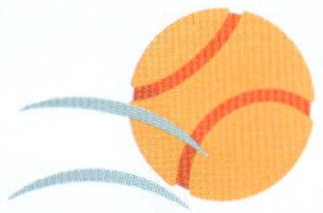

当宠物狗的主人不得不离家一段时间的时候，他们就会把自己的宠物狗送给犬舍，让我们照看。我负责对狗狗进行日常照料，包括喂食、打扫笼子、梳理毛发及引导它们锻炼等。你不需要经过任何特殊的训练就能从事这份工作，但却需要你有充沛的精力，当然了，还有对狗的喜爱。

猫舍饲养员的工作和我们的工作非常像，但他们是和猫在一起工作。当主人要出门的时候，主人就会把自己的猫咪送到猫舍，让猫舍饲养员帮忙照顾。

1

早上7:30，遛狗的时候到了！我把第一群狗带进犬舍的院落中。院子四周有围栏，所以我可以让狗狗自由自在地在院子里奔跑和玩耍。

2

紧接着，到了喂食的时间。犬舍里现在有30只狗，我得保证每一只都获得了适量的食物。我还需要在其中两只狗的食物里混进一些药片。

4

我的整个下午都花在了安顿一只新来的狗狗上。这是一只名叫莫莉的贵宾犬。它的主人要外出度假，所以在我们这里给莫莉预定了一个星期的入住。主人很舍不得离开莫莉，我向他保证，莫莉在这里一定会度过非常愉快的时光。

3

我去看望了亨利。它是一只德国牧羊犬，在过去的很多年里，它的主人一直习惯于在出门的时候把它交给我们照顾。亨利的年纪很大了，所以我给了它很多拥抱和爱抚。按理说，我应该对所有狗狗一视同仁，不该有自己最喜欢的，但要做到这一点是非常困难的。

工作报告：最好和最坏的部分

- **最好的部分：**没有一只狗愿意和主人分开，但我可以让它尽可能舒心地待在犬舍里。
- **最坏的部分：**30只狗意味着周围的环境可能会变得特别嘈杂和混乱！

5

最后，我又遛了一次狗，然后清理了犬舍，为狗狗们准备了晚餐，还检查了它们过夜的窝。这真是充实的一天，我十分期待回家去陪我的狗——斯基普。

属于你的完美职业

看过了那么多形形色色的职业，要在这些职业中做出选择可能是件十分棘手的事情。下面的指南可以帮你找到和你的技能、性格、兴趣都最为匹配的职业。

你有什么技能？
擅长科学研究
兽医
动物学家
昆虫学家
海洋生物学家
如果你已经准备好了通过努力学习去获得出色的学历，那么这些工作对你而言就是完美的。
充满创造力
宠物摄影师
动物演员经纪人
野生动物纪录片制片人
宠物肖像艺术家
如果你热爱艺术，或者对电影和传媒感兴趣，那么这些职业就很适合你。
擅长管理
宠物保姆
马场经理
擅长团队合作
动物饲养员
野生动物保护区经理
社交能力强
动物演员经纪人
宠物商店店主
宠物领养咨询师
倾听并理解他人是这些职业不可或缺的关键技能。

你的性格是怎样的？

充满爱心

犬舍饲养员

动物饲养员

宠物保姆

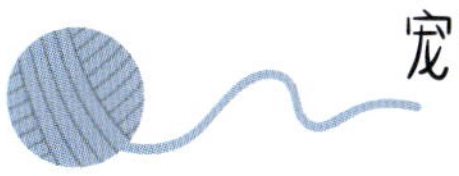

如果你喜欢关注和照顾动物，那么这些工作就非常适合你。

自信

警犬驯导员

导盲犬训练员

城市动物管理员

骑警

在这些工作中，你需要同时成为人和动物的领导者。

害羞

宠物肖像艺术家

遛狗员

这些工作更适合喜欢独处的人。

富有耐心

宠物摄影师

犬类美容师

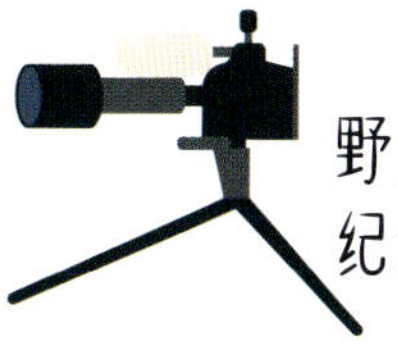

野生动物纪录片制片人

保持镇定和冷静对这些工作而言非常重要——动物可能会动来动去而且做出很多难以预料的事情！

你的兴趣和目标是什么？

旅行

昆虫学家

海洋生物学家

野生动物纪录片制片人

动物学家

你期待冒险吗？这些工作通常需要去世界各地的海洋、丛林和偏远地区。

让世界变得更美好

野生动物保育员

你需要有博大的胸怀和坚定的勇气去向公众阐释自己的观点。

野生动物保护区经理

户外活动，精力充沛

城市动物管理员

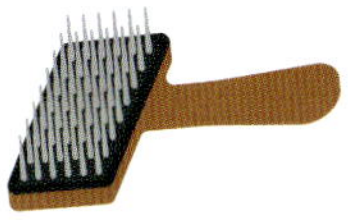

马场经理

遛狗员

动物每天都需要救助和锻炼，风雨无阻！所以，如果你乐于将动物的需求摆在比自己的需求更加重要的位置，那么这些工作就很适合你。

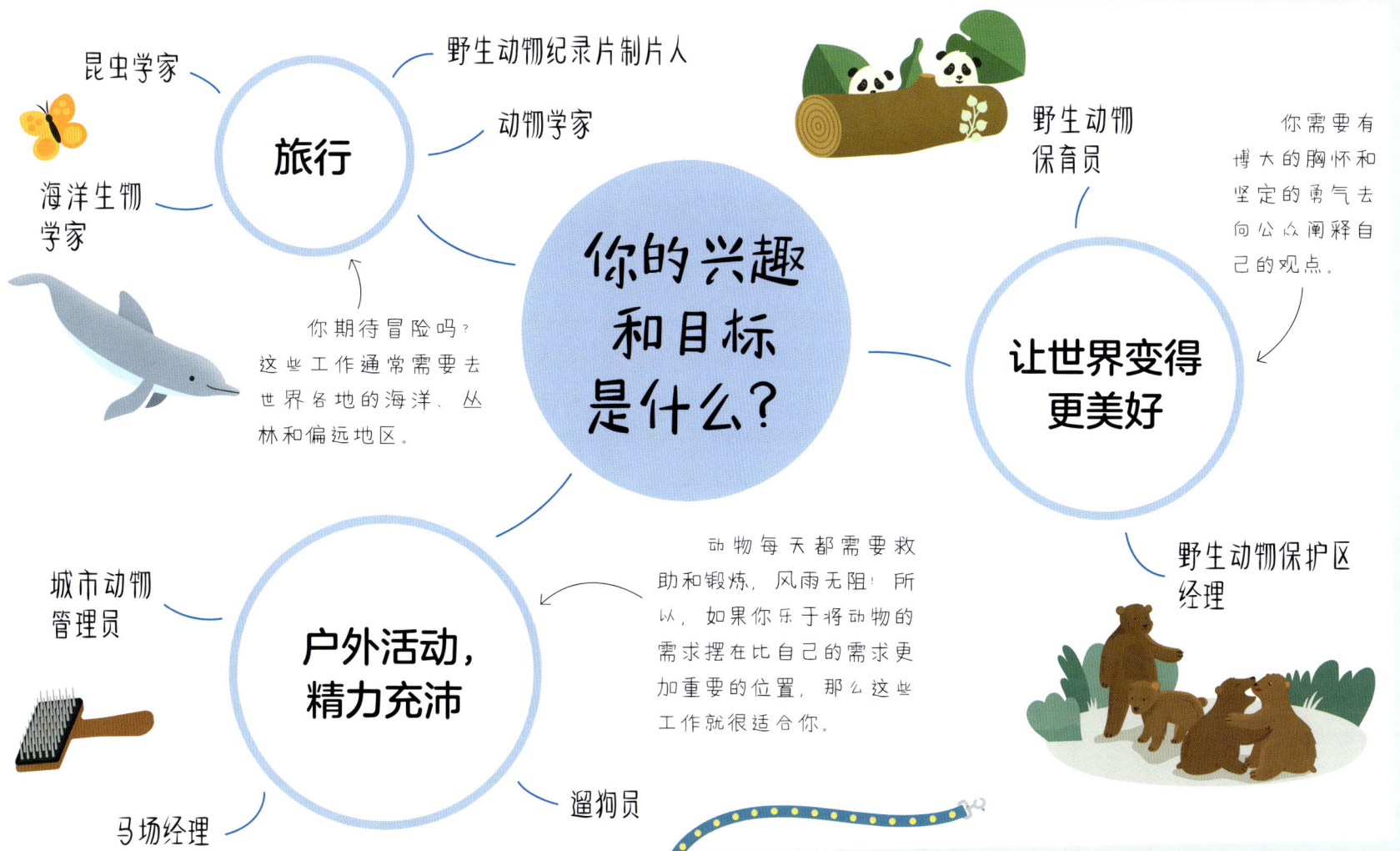

还有更多……

你已经在这本书中了解了很多与动物相关的职业，但其实还有很多可供选择的职业。这些职业中，有一些在书里被简单地提到过，有一些对你而言可能是全新的。

鸟类学家

鸟类学家专门研究鸟类。他们可能会对鸟类种群进行调查，监测特定物种在特定环境下的表现，或者跟踪鸟类的运动轨迹，探究鸟儿究竟都去了哪里。从翱翔在高空的鹰到潜在海底的企鹅，有那么多丰富的物种，有那么多未知的空间等待着他们去探索和研究！

奶农

奶农负责照料奶牛，好让奶牛生产牛奶，然后再把牛奶销售出去。他们每天都必须早早起床，开始一天辛劳的工作。但好的一面是，他们每天都能在室外呼吸新鲜空气。除了每天需要给奶牛挤奶两到三次之外，他们还需要喂养牛群，并保持它们的健康。

动物园教育工作者

动物园教育工作者负责向前来参观的人传授动物及动物保护相关的知识。他们只有具备了良好的沟通技巧，才能顺利地向观众介绍动物园里的动物。他们主要在动物园里工作，有时也会带着一些动物去学校，向学生们进行更加深入的讲解……但他们肯定没法带着老虎去学校。

保护区管理员

动物是人类的朋友，这一点已获得人类共识。不幸的是，仍然有些人会试图非法猎杀或捕捉野生动物。保护区管理员的任务就是保护区域内的各种动物，从陆地上的大象到水中的游鱼，甚至还有鸟蛋，都受他们的保护。他们要确保进入保护区的人遵守规则，还负责将走失的动物送回栖息地、及时营救受伤的动物等。对于从事这份工作的人而言，户外运动是家常便饭，而且往往还需要具备非凡的勇气！

野生动物康复专家

从事这份工作的人负责照料和治疗受伤、生病或被父母遗弃的野生动物。在动物康复或长大后，野生动物康复专家会把它们放归自然。他们和兽医合作，常常会花费几周甚至几个月的时间给动物做治疗。想要从事这份职业，耐心和爱心是必不可少的。

野生动物学家

这些科学家主要研究影响野生动物的因素，比如农业活动和气候变化等。他们还会研究野生动物的行为，跟踪它们的迁徙路径，观察人类对野生动物健康和栖息地的影响等。他们致力于保护野生动物，并希望创造一个人和自然能够更加和谐的未来。

狗展训导员

一些主人喜欢让自己的宠物狗去参加各种各样的比赛。他们往往会雇佣训导员，对狗进行训练，以期有更好的赛场表现。训导员会将狗带到比赛现场，为狗梳理毛发，并确保比赛时发挥出最好的水平。狗展训导员需要随时做好旅行的准备，因为狗展比赛会在世界各地举行。

XIHUAN DONGWU DE NI ZHANGDA HOU NENG ZUO SHENME

出版统筹：汤文辉　　　　美术编辑：卜翠红
品牌总监：耿　磊　　　　营销编辑：钟小文
选题策划：耿　磊　王芝楠　　版权联络：郭晓晨　张立飞
责任编辑：王芝楠　　　　责任技编：郭　鹏

First published in the UK in 2020 by Ivy Kids, an imprint of The Quarto Group

British Library Cataloguing-in-Publication Data
A catalogue record for this book is available from the British Library.
This book was conceived, designed & produced by Ivy Kids.
PUBLISHER David Breuer
MANAGING EDITOR Susie Behar
ART DIRECTOR Hanri van Wyk
DESIGNER Kate Haynes
PROJECT EDITOR Hannah Dove
ASSISTANT EDITOR Lucy Menzies
EXTERNAL DESIGNER Elise Gaignet
EXTERNAL PROJECT EDITOR Amanda Learmonth

著作权合同登记号桂图登字：20-2020-139号

图书在版编目（CIP）数据

喜欢动物的你，长大后能做什么？／（英）史蒂夫·马丁著；（意）罗伯特·布莱法利绘；罗英华译．—桂林：广西师范大学出版社，2021.4
（有趣的职业）
书名原文：I Like Animals…what jobs are there?
ISBN 978-7-5598-3298-6

Ⅰ．①喜…　Ⅱ．①史…　②罗…　③罗…　Ⅲ．①职业－少儿读物　Ⅳ．①C913.2–49

中国版本图书馆CIP数据核字（2021）第044347号

广西师范大学出版社出版发行
（广西桂林市五里店路9号　邮政编码：541004
网址：http://www.bbtpress.com）
出版人：黄轩庄
全国新华书店经销
北京利丰雅高长城印刷有限公司印刷
（北京市通州区科创东二街三号院　邮政编码：101111）
开本：965 mm×1 040 mm　1/12
印张：$4\frac{2}{3}$　　　字数：77千字
2021年4月第1版　　2021年4月第1次印刷
定价：79.80元

如发现印装质量问题，影响阅读，请与出版社发行部门联系调换。